TOTO
ニトリホールディングス
ノーリツ
ENEOS

68

住まいをささえる会社

職場体験完全ガイド 会社員編 もくじ ·····················

4 この本で紹介している企業の「SDGsトピックス」について

5 TOTO 流通・サービス・販売

6 渡部純子さんのはたらく会社　TOTO【会社紹介】

TOTOのSDGsトピックス
「開発途上国の住民に衛生的な環境の大切さを伝え、維持するしくみづくり」

8 東京センターショールーム ショールームアドバイザー　渡部純子さんの仕事
・商品を体感してもらう
・完成イメージと価格を伝える
・新商品の展示にそなえる

11 TOTOの渡部純子さんに聞きました
「『つくりたい家』のイメージをお客さまに体感してもらいたい」

13 TOTOの渡部純子さんの一日

14 TOTO人財採用グループの坂田明子さんに聞きました

15 ニトリホールディングス 生産・製造・品質管理

16 樋川和哉さんのはたらく会社　ニトリホールディングス【会社紹介】

18 品質業務改革室 開発品質グループ　樋川和哉さんの仕事
・製品の評価依頼を受ける
・開発技術評価会で評価を行う

21 ニトリホールディングスの樋川和哉さんに聞きました
「つねにお客さまの目線で製品の安全性を確認します」

23 ニトリホールディングスの樋川和哉さんの一日

24 ニトリ新卒採用部の谷野友祐さんに聞きました

25 ノーリツ 研究・開発・設計

26 弘中睦己さんのはたらく会社　ノーリツ【会社紹介】

　　ノーリツのSDGsトピックス
　　「給湯器のリサイクルと、障がいをもつ人への就労支援」

28 研究開発本部 蓄熱商品開発部　弘中睦己さんの仕事
　・新商品を設計する
　・部品を組みたて確認する
　・試験を行い商品化する
　・情報共有で作業を効率化する

32 ノーリツの弘中睦己さんに聞きました
　「商品の設計から商品化まですべてをみる仕事にやりがいがある」

35 ノーリツの弘中睦己さんの一日

36 ノーリツ人事部人事企画の的場義朋さんに聞きました

37 ENEOS 事務

38 伊藤匠さんのはたらく会社　ENEOS【会社紹介】

　　ENEOSのSDGsトピックス
　　「二酸化炭素を出さない再生可能エネルギーの普及に力を入れる」

40 原油外航部 原油グループ　伊藤匠さんの仕事
　・原油を日本へ調達する
　・原油価格や国際情勢を共有する

43 ENEOSの伊藤匠さんに聞きました
　「石油をとどけることで人びとのくらしをささえたい」

45 ENEOSの伊藤匠さんの一日

46 ENEOS人事部人事グループの髙橋侑子さんに聞きました

47 会社にはさまざまな役割の人がいる！
仕事の種類別さくいん

＊本書掲載の内容は2020年3月末現在のものです。

この本で紹介している企業の 「SDGsトピックス」について

●わたしたちが地球にくらしつづけるために、企業としてできること

SDGsは2015年に国連で採択された、「持続可能な開発」のための国際社会共通の目標です。「持続可能な開発」とは、未来の世代がこまることのないように、環境をまもりながら現在の世代の要求を満たしていくことです。2016年から2030年の15年間で、17の目標の達成をめざすことが決められました。採択には日本をふくむ150以上の国連加盟国の首脳が参加しました。

SDGsは世界共通のものさしであり、国、組織、企業、学校、個人などそれぞれの立場で目標に取りくむことが可能です。企業には、その社会における責任をはたすために、技術や知恵、資金をいかして課題の解決に取りくむことが期待されています。とりくみを進めることで企業価値が高まり、新たな事業が生まれるという利点もあります。

この本では、環境保護や社会貢献活動といったサステナビリティ（持続可能性）を重視する企業を取材し、その企業がとくに力を入れているとりくみや、みなさんに知ってほしいトピックスを選んで紹介しています。

SDGsの17の目標

SUSTAINABLE
DEVELOPMENT
GOALS

目標1
貧困を
なくそう

目標2
飢餓を
ゼロに

目標3
すべての人に
健康と福祉を

目標4
質の高い教育を
みんなに

目標5
ジェンダー平等を
実現しよう

目標6
安全な水とトイレ
を世界中に

目標7
エネルギーをみんなに
そしてクリーンに

目標8
働きがいも
経済成長も

目標9
産業と技術革新の
基盤をつくろう

目標10
人や国の不平等
をなくそう

目標11
住み続けられる
まちづくりを

目標12
つくる責任
つかう責任

目標13
気候変動に
具体的な対策を

目標14
海の豊かさを
守ろう

目標15
陸の豊かさも
守ろう

目標16
平和と公正を
すべての人に

目標17
パートナーシップで
目標を達成しよう

流通・サービス・販売

TOTO

東京センターショールーム ショールームアドバイザー

渡部純子さんの仕事

TOTO は福岡県北九州市に本社を置く、トイレや浴室、キッチンなど、水まわり空間の住宅設備機器を研究・開発し、製造・販売する会社です。ここでは、ショールームで、お客さまに商品の案内や提案を行う、渡部純子さんの仕事をみていきましょう。

TOTO（トート）

TOTOは、トイレや洗面台、浴室など、水まわり空間の住宅設備機器（じゅうたくせつび）を研究、開発、製造（せいぞう）、販売（はんばい）している会社です。便器の開発や「ウォシュレット＊（温水洗浄便座（おんすいせんじょうべんざ））」の普及（ふきゅう）など、つねに開拓者（かいたくしゃ）となる精神（せいしん）で、世界じゅうに健康で快適（かいてき）な生活環境を提供（ていきょう）しつづけています。

TOTO株式会社（とうととうかぶしき）

| **本社所在地（しょざいち）** 福岡県北九州市（ふくおかけんきたきゅうしゅうし） | **創業（そうぎょう）** 1917年 | **従業員数（じゅうぎょういんすう）** 3万3,431名（グループ企業（きぎょう）をふくむ。2019年3月31日現在（げんざい）） |

時代に先がけた商品を開発し、日本の生活文化を向上

いまから約100年前、日本ではまだ下水道が普及（ふきゅう）していない時代に、初代社長が衛生的（えいせいてき）な便器の開発をめざして完成させたのが、国産初の腰（こし）かけ式水洗便器（すいせんべんき）でした。その後、1980年に発売した「ウォシュレット」は、「おしりをあらう」という新たな文化を日本に根づかせました。

▲「おしりをあらう」という新しいトイレ習慣（しゅうかん）を創造（そうぞう）した、初代「ウォシュレット」です。

▲便器と一体化した「ウォシュレット」の最新機種「ネオレストNX（エヌエックス）」。タンクがなく、陶器（とうき）の美しさがきわだつ優美（ゆうび）なデザインと、きれいな状態（じょうたい）を維持（いじ）する機能性（きのうせい）をあわせもっています。

▲▶上の写真の、水のつぶが大きいシャワーは、節水しながらも快適（かいてき）な浴び心地（ここち）が特徴（とくちょう）です。右の写真のシステムバスルームの浴そうは、魔法（まほう）びん浴そうという製品（せいひん）で、保温効果（ほおんこうか）があります。床（ゆか）はよごれがつきにくくなっています。

快適（かいてき）さを追求しながら、環境（かんきょう）にも配慮（はいりょ）した商品を開発

気候の変動や、水の消費量（しょうひりょう）の増加（ぞうか）にともない、世界規模（きぼ）で水不足が起こるという危機（きき）が広がっています。そのなかで、水まわりの商品を提供する会社の責任（せきにん）として、快適（かいてき）さだけではなく、省エネルギーや節水性能（せいのう）も追求した商品の開発を心がけています。

＊「ウォシュレット」は、TOTO（トートー）の登録商標（とうろくしょうひょう）です。

海外にショールームを設置し、日本のトイレ文化・技術力を発信

　清潔で快適な「ウォシュレット」を世界の人びとにも知ってもらおうと、海外14か所にショールームを設置し、アメリカや中国をはじめ、アジア全土、ヨーロッパへ販売網を広げています。国際的な展示会にも出品して、高い評価を得ています。

▲日本のトイレを訪日外国人に体験してもらうため、成田国際空港第1ターミナルに「experience TOTO」をオープンしました。液晶パネルでの使用状況の表示や、わかりやすいリモコン操作で「ウォシュレット」を利用しやすくしています。

◀ドイツのフランクフルトで開催された展示会では、最新機種の「ウォシュレット」を紹介しました。タンクがないおしゃれなデザインで、人気を得ました。

TOTOのSDGsトピックス≫

3 すべての人に健康と福祉を

6 安全な水とトイレを世界中に

開発途上国の住民に衛生的な環境の大切さを伝え、維持するしくみづくり

　開発途上国では、水不足や衛生環境の悪さで多くの人が命を落としています。TOTOはそうした国に、水まわりの設備の支援だけではなく、衛生的な生活環境の重要さを伝えて自分たちで衛生環境を維持できるしくみづくりが必要だと考えました。そこで、2005年に「TOTO水環境基金」を設立し、開発途上国の住民たちが健康な生活を送れるよう、小・中学校の建設や教育、井戸や水道設備の設置などの活動を継続して行う団体を支援しています。

　現在では、TOTOの支援のもと、海外15の国と地域で、とりくみが広がっています。

TOTOが支援する団体の活動により、水道が整備されていないカンボジアの農村の小・中学校で環境教育が行われ、井戸も修理されました。

東京センターショールーム ショールームアドバイザー
渡部純子（わたべじゅんこ）さんの仕事

ショールームは、展示（てんじ）した商品を、じっさいにお客さまに体感してもらう場所です。渡部さんは、ショールームアドバイザーとして、お客さまの相談におうじ、トイレや洗面台（せんめんだい）、浴室、キッチンなど、豊富（ほうふ）な商品のなかから要望に合う商品を提案（ていあん）したり、プラン図や見積書（みつもりしょ）を作成したりする仕事をしています。

商品を体感してもらう

■希望の商品を 案内・提案（ていあん）する

TOTO（トートー）のショールームは、全国に100か所あります。ショールームには、キッチンや浴室（お風呂（ふろ））、トイレ、洗面台（せんめんだい）などの最新の設備（せつび）や人気商品などがたくさん展示（てんじ）されています。

ショールームアドバイザーの渡部（わたべ）さんは、お客さまの要望を聞き、希望の商品を案内したり、豊富（ほうふ）な商品のなかからお客さまのもとめている商品を提案したりする仕事をしています。

おとずれるお客さまの目的は、「トイレのリフォームをするので、リフォーム会社から提案された商品を見たい」「将来（しょうらい）、キッチンを新しくしたいので、どんな商品があるか見ておきたい」など、さまざまです。

■来館したお客さまに 目的を確認（かくにん）する

リフォームなどについてじっくり相談をしたいというお客さまは、事前に予約をして来館します。予約は庶務係（しょむがかり）が受けつけ、担当者（たんとうしゃ）をわりふるので、担当になったら、お客さまの名前や時間などを確認しておきます。

お客さまが来館したら、総合受付でむかえます。席に案内して、まずは来館の目的、要望をくわしく聞きます。さらに、家族構成（こうせい）、予算や家の間取り（レイアウト）なども細かく聞いて、お客さまの希

トイレのリフォームを計画中のお客さまに、おすすめの便器を紹介（しょうかい）し、デザインのこだわりや、使いやすさを説明しました。

望する商品のイメージをつかみます。

■最適な商品を提案し、体感してもらう

話が聞けたら、お客さまを商品が展示してあるコーナーに案内して、お客さまが知りたい商品の特徴を説明していきます。キッチンであれば、戸だなや引きだしをあけたり、浴室なら浴そうの広さやシャワーの水圧を感じてもらったりします。じっさいに商品にさわったり、動かしてもらうことで、商品のよさを体感してもらうことが大切です。

アドバイザー自身が自宅で使っている商品があれば、その体験も交えて使い勝手のよさを伝えると、より商品への理解を深めてもらえます。

キッチンのコーナーでは、掃除のしやすさなどを、じっさいに見てもらいながら伝えます。

浴そうの広さや入り心地は、人によってちがいます。じっさいに入って体感してもらうこともあります。

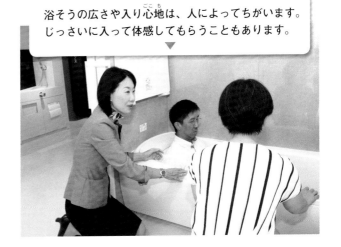

完成イメージと価格を伝える

■かべや床に合わせて商品の色を選ぶ

お客さまの気にいった商品が見つかれば、さらに色などを選べるように提案します。

たとえば浴室なら、かべや床の色や素材、がらなどが商品ごとに何種類もあります。色を見ただけではイメージがわきにくいので、パソコンの画面上で、かべの色やがらを変えたり、手すりをつけてみたりして、バリエーションを見てもらいます。お客さまは具体的なイメージを確認でき、商品を選びやすくなります。

かべの種類（右上）を選んでもらい、画面上で色や素材を変えながら、お客さまのイメージづくりをサポートします。

■完成品のイメージと商品の価格を提示する

購入したい商品が決まったら、プラン図を作成します。プラン図とは、パソコンの画面上でつくった商品の完成イメージと、そのかべ、床、天井などの材料のほか、色のバリエーションや機能などが一目でわかるものです。

あわせて、商品の価格を計算した見積書を作成し、プラン図といっしょにお客さまにわたします。お客さまはそれをもちかえって、工事をうけおう会社と相談するなどして、最終的に購入するかどうかを決めます。

じっさいに購入されたかどうかは、アドバイザーにはわかりません。アドバイザーの仕事は、会社の商品のよさを知ってもらうことなのです。

接客が終わると、接客内容をまとめます。必要におうじて、お客さまの情報を営業の部署と共有したり、商品開発の部署に伝えたりします。

お客さまの情報の整理や、お客さまにわたす見積書の作成などは、ショールームからは見えない場所で行います。

新商品の展示にそなえる

■新商品の特徴を理解する

新商品の発売が決まると、事業部の担当者によって新商品に関する研修会が開かれます。担当者から、いままでの商品とくらべて改良された点や、新しくそなわった機能など、新商品のセールスポイントを教えてもらいます。

アドバイザーは、新商品の展示がはじまるまでに、商品の特徴をしっかり覚え、お客さまにどのように説明したらよいかを考えておきます。

■お客さまに伝える方法を研究する

新商品の特徴を理解したら、接客技術を高めるため、研修会を行います。研修会では、5～6人の班に分かれて練習をします。ショールームで接客する場面を想定して、交代でお客さまの役を演じ、商品の説明を行うのです。

それぞれの接客の様子を見て、よかったところや改善点などを話しあい、お客さまにわかりやすく伝える方法を研究します。

研修会では、スライドを見ながら新商品の特徴を勉強します。商品知識が頭に入ったら、お客さまにどう伝えるか、接客の練習をすることも大事です。

TOTOの渡部純子さんに聞きました

インタビュー

「つくりたい家」のイメージをお客さまに体感してもらいたい

1973年生まれ。新潟県出身。大学卒業後、リフォーム会社や不動産会社ではたらき、2004年にTOTO株式会社にショールームアドバイザーとして入社。2か月の研修後、東京センターショールームに配属されました。ショールームには60人のアドバイザーがおり、渡部さんはおもに浴室コーナーを担当しています。

現場での経験をいかして具体的にアドバイス

Q この仕事を選んだ理由はなんですか？

わたしの父は、家で建てものを設計する設計事務所を開いていました。子どものときから父が仕事をする様子を見ていたので、しぜんにわたしも住宅にかかわる仕事がしたいと思うようになりました。

大学卒業後の10年間は、リフォーム会社や不動産会社で営業の仕事をしました。その仕事では、現場調査などでお客さまの家に行くことが多く、たくさんの工事現場を見ました。

そのうちに、現場での経験をいかして、ショールームでお客さまに設備機器に関してよいアドバイスをしたいと考えるようになったのです。そこでショールームアドバイ

11

ザーとして再出発をする決心をしました。

Q 前の仕事で得た知識は、どう役だちましたか?

ショールームに来館されるお客さまの多くは、リフォームの相談でいらっしゃいます。リフォームの場合、かべや天井の内側がどうなっているのか、こわしてみないとわからないことが多いのです。

わたしはリフォームの現場を多く見てきたので、図面を見るとだいたいの構造が想像できます。そこで、お客さまが気にいった商品でも「ここにどかすことのできない梁*があるので、このサイズの商品を入れるのはむずかしいかもしれません」などと、アドバイスすることができます。

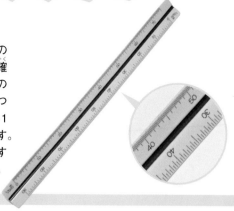

わたし自身も、TOTOの商品を使って自宅をリフォームしました。自分が使用した体験を交えてお話しすると、お客さまにも伝わりやすく、喜ばれます。

Q やりがいを感じるのはどんなときですか?

この仕事は、お客さまに商品を提案することなので、じっさいに購入されたかどう

かは知ることができません。それでも、「商品を見ながら、あなたの説明を聞いたら、つくりたい家のイメージがわきました」と声をかけてもらえるとうれしいですし、仕事に対する意欲もわきます。

これからも、笑顔でわかりやすい説明を心がけながら、TOTOのファンを一人でも多くふやしていきたいです。

一問一答 Q&A

Q 小さいころになりたかった職業は?
ピアノの先生

Q 小・中学生のころ得意だった科目は?
算数(数学)

Q 小・中学生のころ苦手だった科目は?
国語

Q 会ってみたい人は?
安倍晋三首相

Q 好きな食べものは?
からいエスニック料理

Q 仕事の気分転換にしていることは?
子どもといっしょに極真空手をやる

Q 1か月休みがあったら何をしたいですか?
海外旅行

Q 会社でいちばん自慢できることは?
結婚や出産をした女性がはたらきやすい職場環境

---

*建てものの柱と柱のあいだに横にわたして、屋根などをささえる部材のことです。

TOTO の
渡部純子さんの
一日

エリアごとに集まって、今日一日の予約や担当の確認などを行います。

連絡事項が伝えられたあと、「いらっしゃいませ」などのあいさつを、みんなで声に出しています。

スタート！

総合受付で予約のお客さまをむかえます。

起床・朝食	出社・開館準備	朝礼	ミーティング	開館・接客
6:00	8:50	9:40	9:45	10:00

就寝	帰宅・夕食	退社	閉館・館内整備		接客	昼食
22:00	20:00	18:30	17:00		13:00	12:00

じっさいにキッチンの引きだしをあけてもらい、収納の広さや使いやすさを伝えます。

展示品の手入れも重要な仕事です。閉館後に館内を掃除し、手すりやたな、鏡、じゃ口などをていねいにふきます。

浴室のかべについて、お客さまが選んだ木目調の色でイメージ画像をつくり、ふんいきを確認してもらいます。

13

TOTO 人財採用グループの
坂田明子さんに聞きました

こんな人と はたらきたい！

- ☑ 失敗をおそれずとりくめる人
- ☑ 会社の理念に共感できる人
- ☑ 成果を急がず、努力できる人

やりとげようとする 思いが大事

TOTOは、創業以来、水まわり商品を通して社会の発展に貢献し、世界の人びとから信頼される会社をめざしています。腰かけ式水洗便器の開発をはじめ、「おしりをあらう」トイレ習慣をつくった「ウォシュレット」の発売など、100年をこえる歴史のなかで、いつの時代も挑戦と革新をつづけながら、新たな生活文化をつくってきました。

時代の先がけとなる商品を開発するのは、かんたんなことではありません。ですが、社員はみな、「社会をよくしたい」という強い思いや覚悟をもってとりくんでいます。失敗をおそれず、やりとげようとする人には、必要な技術を用意し、サポートをする環境があります。

お客さまの満足のために 技術をみがきつづける

「奉仕の精神でお客さまの生活文化の向上に貢献する」。創業者が2代め社長に送ったこのことばが、会社の活動をささえる基盤となっています。

TOTOの商品は、長いあいだにわたって毎日使われるものです。だからこそ、優先するのはすぐ目の前の成果ではなく、ずっと先までお客さまに満足していただくことなのです。そのために、社員は技術をみがきつづけています。

だれかのために、という思いは、多くの人と接することで生まれてきます。みなさんには、勉強や部活動など、さまざまな経験を通して、人とふれあってほしいと思います。

「ウォシュレット」の最新機種である「ネオレストNX」は、100年におよぶ分析データと高度な技術、最新の生産技術によって生まれました。デザイン性にもすぐれた商品です。

ニトリホールディングス

品質業務改革室 開発品質グループ

樋川和哉さんの仕事

ニトリホールディングスは北海道札幌市に本社を置く、おもに家具やインテリア用品の企画、製造、販売を行う会社です。ここでは、商品の安全性や品質を評価し、お客さまに安心して使ってもらえるかどうかを確認する樋川和哉さんの仕事をみてみましょう。

ニトリホールディングス

ニトリはソファ、食卓テーブル・いす、ベッドなどの家具や、カーテン、毛布、食器などくらしをささえる家庭用品などの企画・製造・物流・販売を行っている会社です。原材料の調達から販売までをすべて自社で行い、「お、ねだん以上。」の商品を提供しています。

株式会社ニトリホールディングス
本社所在地 北海道札幌市 **創業** 1967年 **従業員数** 2万7,506名（2019年2月20日現在）

手ごろな価格で高品質、「お、ねだん以上。」の商品を展開

ベビー用品から学習机、ランドセル、食卓テーブル・いす、食器、カーテン、ソファ、ベッド、アウトドア用品まで、さまざまな生活の場面に合わせた商品を開発し、販売しています。必要な機能だけにしぼりこむことで、低価格で満足度の高い商品の提供を実現させています。

◀赤ちゃんのはだにふれるベビー用品は、ほとんどが綿100パーセントでつくられています。ニトリならではの色合いとシンプルなデザインで、心地よさを追求しています。

▲NITORI STUDIOのソファ。体を点でささえるポケットコイルを使用しているため、体がしずみこまずにしぜんで快適な姿勢をたもてます。

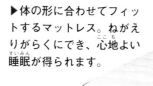

▶体の形に合わせてフィットするマットレス。ねがえりがらくにでき、心地よい睡眠が得られます。

▶板と板をはめあわせるだけで組みたてられる「Nクリック」。従来のカラーボックスにくらべて、組みたてにかかる時間が3分の1に短縮されています。

組みたてに工具を使わないなどアイデアをいかした商品を開発

ニトリでは、ネジでとめる必要がなく、かんたんに組みたてられるカラーボックス「Nクリック」を開発しました。部屋のスペースに合わせて自由に組みあわせることができる、ニトリの人気の商品です。組みたてに工具を使う必要がなく、力もいりません。そのうえ、たな板にのせられる重量はそれまでの商品の2倍もあります。このように、これまでにない新しい商品を次つぎに開発しています。

ニトリの家具で「一軒まるごとコーディネート」を提案

「住まいの豊かさを世界の人々に提供する。」というロマン（理念）のもと、店舗では気軽に買える価格で、品質や機能のすぐれた家具やインテリア用品などを販売しています。売り場では、ニトリの商品をコーディネートして展示し、季節ごとに入れかえています。

国内外に600店舗以上を出店

ニトリには、国内外に600以上の店舗があります。世界に通用するブランドをめざし、中国や台湾、アメリカなど、海外への出店もふえています。商品はインターネットショップでも手軽に購入することができます。

▲売り場ではニトリの家具やインテリアで「一軒まるごとコーディネート」を提案しています。お客さまがイメージしやすいように、リビングやキッチンなどをニトリの商品でコーディネートして展示しています。

◀中国の上海にある店舗です。世界じゅうのお客さまに、よりゆたかな生活を楽しんでもらえるよう、海外出店も積極的に進めています。

電力の使用量をおさえるエコ商品の開発で、温室効果ガスの削減に貢献

ニトリでは、人びとの環境意識の変化と高まりにこたえるため、新しい技術を用いた商品開発を進めています。寝具類では、夏はすずしく、冬はあたたかく感じる素材をそれぞれ使用する商品を開発しました。また、熱や紫外線をカットする繊維を使用したレースカーテンなどの商品も販売しています。これらの商品により、冷暖房の使用率が下がる効果が期待されています。

▲日光の熱と紫外線をカットして、光だけを通すレースカーテン「エコナチュレ」。部屋の室温を上げずに外の光をとりいれることができます。

◀はだにふれると「冷たい」と感じる生地「Nクール」（左）と、体から発散した水分から熱を発生させる「Nウォーム」（右）の生地を使用した寝具。夏も冬も快適にねむることができます。

ニトリホールディングス
品質業務改革室 開発品質グループ
樋川和哉さんの仕事

ニトリには、商品の開発から製造、物流、販売まで、独自の品質基準をもうけてきびしく評価する「品質業務改革室」という部署があります。樋川さんはそこの「開発品質グループ」に所属して、新商品の発売前に「開発技術評価会」で評価を行い、商品の安全性をお客さまの目線で確認する仕事をしています。

製品の評価依頼を受ける

■独自の基準で安全性をたしかめる

ニトリでは、独自の品質基準をもうけて、製品の安全性や品質の評価を実施し、品質の改善・改革にとりくんでいます。

品質業務改革室のなかで、樋川さんが所属する開発品質グループは、発売前の新商品の評価を行っています。これに合格した製品でなければ、店頭にならべることはできません。

開発された製品はかならず、開発担当者なども参加する「開発技術評価会」で、さまざまな評価を行って、その品質や安全性を判定します。

■開発技術評価会で評価する日を決める

開発を担当する商品部から開発中の製品の評価依頼を受けると、開発技術評価会で評価する日を決めます。いすなど、体重のかかる商品は重さを加えて耐久性をみる試験（耐荷重テスト）があって時間がかかるため、その日数も計算して予定を立てます。

たとえば、食卓のいすの場合、4本の脚に均等に重さの負荷をかけるテストだけではなく、「いすをかたむけて2本の脚で体重をささえる」ような家庭で使用する状態を想定し、じっさいにかたむけて使用して不具合がないかなど

も評価します。また、毎日使用することも想定し、座面、背もたれに何万回も負荷をかけて安全性を確認します。

■製品の評価内容を確認する

予定が決まったら、開発技術評価会までに、製品の評価

開発技術評価会で評価を行う製品について、過去の製品の記録や、お客さまからの問いあわせなどの情報を集めておきます。
▼

内容を確認しておきます。ダイニングチェア、パイプいす、ソファなど、製品の種類ごとに、評価する項目や過去に行われた評価の方法・手順についての知識をまとめたシートがあるので、それに目を通し

ます。また、にた構造の製品について、どんなところが問題となったのか、どのように改善したのか、といったことも事前につかんでおきます。

開発技術評価会の実施前に、商品部から製品サンプルがと

どくので、商品が組みたてやすいか、部品に不具合がないかなどを確認します。また、いすであればじっさいにすわって、安定性やそのほかの使用上の問題がないかを確認します。

開発技術評価会で評価を行う

■製品に不具合がないかじっさいに確認する

開発技術評価会では、商品の危険度や不具合の起こりうる確率、つくる工程のどこで不具合が起こりやすいかなどを考え、評価していきます。

たとえば、いすであれば、耐荷重テストのほか、すわってかたむけたり、いきおいよくすわったりして破損しないか、床にきずはつかないかなど、さまざまな使いかたを想定して評価します。また、接合部分を引いたりおしたりして強度も確認します。

組みたてられた状態での確認が終わったら、バラバラに分解して内部の構造をチェックします。接合部分の接着状態や、部品の強度など、外観からは判断できない部分を評価するのです。

このように、評価項目をひとつひとつ確認していきます。事前に調べておいた、同じ種

耐荷重テストは、専用の機械で行います。いろいろな場面を想定し、一定の重さの負荷を数万回かけて耐久性をテストします。

4本脚のいすの評価では、脚の1本1本を、デジタルフォースゲージ（→22ページ）という器具で各方向に一定の力で引っぱり、接合部分などの強度をはかります。

折りたたみいすは、床板の上に置いてすわり、前後左右に動かして脚の部分のきず防止ゴムがけずれていないか、床にきずあとが残らないかなど確認します。

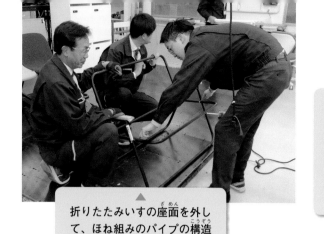

折りたたみいすの座面を外して、ほね組みのパイプの構造を確認しています。

折りたたみいすのパイプを切断して、長さやパイプの内側のあつみ、曲がった部分の角度に問題がないかなどを見ます。

類の製品で過去に指摘された不具合があれば、その点についても問題がないかを確認します。問題があった部分は、写真にとっておきます。

■製品を商品化してよいか判定する

すべての確認が終わったら、メンバーでシートを見ながら、評価項目ごとに結果を評価し、商品化してよいかの判定を行います。問題点が一つでもあれば、合格にはなりません。問題が出た部分については、どのように対策をとればよい

か、意見を出しあいます。

■商品化が決まるまで評価をくりかえす

開発技術評価会が終わると、樋川さんは、評価された内容と、問題点がある場合はその対策方法についてレポートにまとめます。商品開発の進行にも影響するので、その日のうちに作成します。

完成したレポートは、上司の承認、品質業務改革室の責任者の承認をへて、商品部に送られます。

商品部では指摘された点の

改善を検討し、改善内容が報告されます。樋川さんたちは、それを見て、問題点がきちんと改善されているかをチェックします。書面で確認できる内容ならそこで合格となりますが、実物での確認が必要な場合はサンプルを再提出してもらい、再度評価を行います。

合格するまで評価をくりかえし、問題がすべて改善されてはじめて、商品として採用されます。

レポートは、問題があるところに写真をつけたり、色をつけたりして、わかりやすくまとめます。

参加メンバーで評価項目ごとに評価をしていきます。評価は、あらゆるリスクを想定して客観的に行います。

ニトリホールディングスの樋川和哉さんに聞きました

インタビュー

つねにお客さまの目線で製品の安全性を確認します

1988年茨城県生まれ。大学、大学院では物理学を専攻、リニアモーターカーの原理である超電導の研究を行っていました。2012年にニトリに入社。入社後は配送センターや店舗で、配送やフロアマネージャーなどの仕事をしていました。2018年から現在の品質業務改革室で製品の品質改善、向上にとりくんでいます。

人びとのくらしをゆたかにする仕事がしたい

Q この会社を選んだ理由はなんですか?

警察官をしていた父と医療の仕事をしている母の影響もあり、子どものころから、社会のために役だつ仕事がしたいと考えていました。

学生時代、はじめての海外旅行で行った中国で、山村の人びとのくらしぶりにショックを受けました。使いふるしの欠けた茶わんやはし、使っているうちにこわれてしまいそうな家具やよごれた寝具。それを見たときに、身近な生活用品にかかわる仕事につくことで、何か社会の役にたてるのではないかと感じました。

就職活動では製品の開発や、IT関係の就職先をさがしていました。そのなかで生活にかかわるさまざまな商品を製

造、販売しているニトリのことを知ったのです。そして「住まいの豊かさを世界の人々に提供する。」という会社のロマン（理念）に共感しました。

最終的に入社を決めた理由は、現在は特別顧問をしている、社内で「品質の神様」とよばれている方の一言でした。入社前に話す機会があり、「小売業に理数系の知識や考えかたを役だててほしい」と言われ、入社を決意したのです。

Q 仕事のやりがいを教えてください

入社後7年間は店舗や配送センターではたらきました。そのころは、お客さまから受けた問いあわせや、自分で感じた商品の問題点を、関連する部署へ報告することしかできませんでした。現在の部署では、開発の段階から商品の改善にたずさわれることに、やりがいを感じます。

同時に、それまでのさまざまな現場の経験が役にたっていることも、実感しています。

製品を評価するときも、現場での経験をいかし、お客さまの安全を第一に、つねにお客さまの目線で製品を見ることを心がけています。

Q 今後の目標を教えてください

いまの仕事は、電気に関する知識、品質管理、商品の構造など、勉強することがたくさんあります。

知識と経験を積み、英語力も高めて、海外の工場や店舗にもかかわって、国内外で活躍したいと思っています。

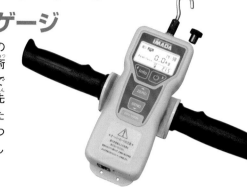

一問一答 Q&A

Q 小さいころになりたかった職業は？
学校の先生

Q 小・中学生のころ得意だった科目は？
算数（数学）、理科

Q 小・中学生のころ苦手だった科目は？
国語

Q 会ってみたい人は？
エジソン（アメリカの発明家）

Q 好きな食べものは？
カレーライス、ギョウザ

Q 仕事の気分転換にしていることは？
旅行やスキューバダイビング

Q 1か月休みがあったら何をしたいですか？
語学留学

Q 会社でいちばん自慢できることは？
社員全員が店頭の仕事の経験をもち、お客さま目線で仕事をしていること

ニトリホールディングスの 樋川和哉（ひかわかずや）さんの 一日

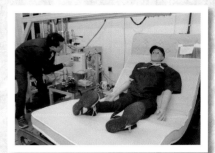

電動ベッドを動かすモーターの耐久（たいきゅう）テストの準備をします。70キログラムの人形をのせて行います。

商品部からの問いあわせに対する返答など、すぐに対応（たいおう）が必要なものは午前中に行います。

まずは、再提出された折りたたみいすの評価です。前回出た問題点と改善（かいぜん）された点をメンバーに報告（ほうこく）します。

スタート！

起床（きしょう）・朝食	出社	メールチェック	開発技術評価会（ぎじゅつひょうかかい）の準備（じゅんび）	昼食	開発技術評価会（ぎじゅつひょうかかい）
7:00	9:15	9:45	10:00	11:30	12:30

就寝（しゅうしん）	夕食	帰宅（きたく）	退社（たいしゃ）	レポート作成	評価（ひょうか）の開始
23:00	21:00	20:00	18:40	17:00	13:00

開発技術評価会（ぎじゅつひょうかかい）での評価のレポートを仕あげて、上司から承認（しょうにん）をもらいます。

強度を上げるため、パイプの内部を二重にする改善（かいぜん）がされました。切断（せつだん）して確認（かくにん）します。

組みたてられた状態（じょうたい）で一通り確認（かくにん）したあと、ほね組みだけにして、パイプの長さや強度をはかります。

ニトリ新卒採用部の
谷野友祐さんに聞きました

こんな人と
はたらきたい！

- ☑ **未知の分野に挑戦できる人**
- ☑ **変化を楽しめる人**
- ☑ **対話を大切にできる人**

新しい環境を楽しみ
困難にも挑戦する勇気を

わたしたちの会社は、お客さまの要望に合う商品を考え、それを製造し、運搬して、店舗で販売するまでを自社で一貫して行っています。社内には数多くの職種があり、社員全員ですべての仕事を進めていかなくてはなりません。

そのためにもうけられているのが「配転教育制度」です。

入社すると、最初は店舗に配属されます。その後は1～3年の間隔でさまざまな部署に異動します。多角的な視点をもってもらうことが大きな目的ですが、自分の個性や適性をつかみ、もっとも能力を発揮できる分野を発見してもらうこともねらいです。

そのため、どんなことも前向きに考え、困難や未知の分野にも勇気をもって挑戦して

いける人が望ましいです。また、数年で新しい部署を経験することになるので、現状に満足せず、つねによりよいものをもとめ、変化を楽しめる人が向いているといえます。

お客さまや仲間との
コミュニケーションが大切

社員は全員が「お客さまが第一」という考えかたのもとで仕事をしています。そのため、店舗勤務では、まずお客さまとの対話を大切にするように心がけています。

また、店舗の仕事だけではなく、開発や品質管理など、どの仕事でも仲間の協力が必要です。チームで1つの仕事をなしとげるには、仲間どうしのコミュニケーションも大切であると考えています。

社員は入社2年めに、「アメリカセミナー」に参加します。「配転教育」とならぶニトリの重要な教育制度で、アメリカの住まいのゆたかさを視察します。多数の店舗をもつ家具・家庭用品のチェーンストアを調査して、仕事にいかしています。

ノーリツ

研究開発本部 蓄熱商品開発部（ちくねつ）

弘中睦己（ひろなかよしき）さんの仕事

ノーリツは兵庫県神戸市（ひょうごけんこうべし）に本社を置く、おもに給湯器や温水システムなどの住宅設備（じゅうたくせつび）機器の開発、製造（せいぞう）、販売（はんばい）を行っている会社です。ここでは、省エネルギーと快適（かいてき）さを追求した給湯・暖房（だんぼう）システムの開発にとりくむ弘中睦己さんの仕事をみていきます。

ノーリツ

ノーリツは、創業時にかかげた「お風呂は人を幸せにする」という理念のもとに、より便利で快適なお風呂をめざして、商品開発をつづけてきました。現在は、給湯器＊1などの住宅設備機器を中心に、システムキッチンやガスコンロなども開発、製造・販売しています。

株式会社ノーリツ
本社所在地 兵庫県神戸市 **創業** 1951年 **従業員数** 2,794名（2018年12月31日現在）

お湯のある便利でゆたかな生活を家庭にとどける

ノーリツは家のなかにお風呂があるのがめずらしかった第二次世界大戦後の復興期に、「お風呂は人を幸せにする」という考えのもと、一般家庭への風呂の普及につとめてきました。少ない薪で快適なお湯をわかすことができる能率風呂をはじめ、浴室内で点火ができるガス風呂釜など、さまざまな日本初、業界初の商品を生みだしてきました。近年は、「安全・安心」や「環境」といった社会課題を解決する商品の開発・普及をめざし、お湯をわかす会社から「新しい幸せをわかす会社」へと、さらに成長をつづけています。

◀能率風呂の、薪でお風呂をわかす釜の部分です。家にお風呂があるのがまだめずらしかった1951年に発売されました。少ない薪で、上下均一の温度に風呂をわかせる、日本初のタイル風呂です。

▼▶入浴中の事故を防止する「見まもり機能」がついた、業界初のガス風呂給湯器です。浴室や浴そうへ人が出入りすると、台所のリモコン(左下)に表示されます。浴室のリモコン（右下）には長湯をふせぐためのタイマーもついています。

▼▶「ハイブリッド給湯・暖房システム」は、地球温暖化の影響が低いノンフロンガスを業界ではじめて採用しました。

温室効果ガスの削減にとりくんだ商品を次つぎに開発

二酸化炭素（CO$_2$）など、地球温暖化の原因とされる温室効果ガスを排出する機器のメーカーにとって、環境への対策は重要な課題です。ノーリツでは、少ないエネルギーで必要なときに必要な量のお湯を効率よくためられる「ハイブリッド給湯・暖房システム」や、太陽熱を利用したエネルギー機器などの開発や普及をすすめ、二酸化炭素の削減にとりくんでいます。これが評価され、ノーリツは、環境省から「エコ・ファースト企業」＊2に認定されています。

＊1　水をあたためてお湯にする機器で、あたためるのにガスや灯油などが燃料として使われます。

　＊2　環境の分野で「先進的、独自的でかつ業界をリードする事業活動」を行っている企業であることを認定するものです。

くらしの変化に合わせて
毎日の家事をラクにする調理機器を開発

食の欧米化、核家族化、健康志向などに合わせて、使いやすさを追求したコンロやグリルなどの調理機器を開発してきました。近年は、「省手間、時短」をめざして開発された、自動調理ができる便利なグリルなどで「ラク家事」を提案しています。

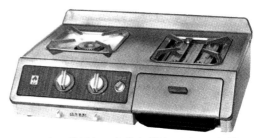

▲ 1966年、業界初の魚焼きグリルがついたガスコンロを販売。時代に先がけた画期的な商品でした。

▶「ラク家事」をキーワードに開発した「マルチグリル」。食材を専用の容器に入れてメニューを選べば、自動で調理をしてくれます。

▶にる、焼く、むすなど、どんな料理も手軽にできる万能なべ「ダッチオーブン」に対応する「ダッチオーブン対応グリル」です。専用のダッチオーブンが付属しています。

ノーリツの SDGsトピックス≫

12 つくる責任 つかう責任

13 気候変動に具体的な対策を

給湯器のリサイクルと、
障がいをもつ人への就労支援

ノーリツでは、廃棄された商品を資源として循環させることは企業の責任であると考え、給湯器のリサイクル活動を行っています。

グループ会社を通じて、この活動に賛同してくれる販売会社などのビジネスパートナーから使用ずみの給湯器を回収し、福祉事業者に分解・分別を委託しています。このとりくみによって、障がいをもつ人のはたらく機会を増やしています。さらに、分別された素材は、リサイクル業者に売られ、リサイクルされます。このようにして、安全で確実な資源の循環を行うことで、環境にかかる負荷をへらすことに貢献しています。

回収した給湯器を分解し、部品ごとに分類する作業を福祉施設に委託しています。障がいをもつ人のはたらく機会を増やし、資源を有効活用して地球環境をまもるとりくみです。

ノーリツ

研究開発本部 蓄熱商品開発部
弘中睦己さんの仕事

兵庫県明石市にあるノーリツ明石本社工場では、さまざまなノーリツ製品の研究・開発・設計が行われています。弘中さんはそのなかで「ハイブリッド給湯・暖房システム」の設計・開発にかかわり、新商品の組みたてかたや耐久性、性能評価などの試験を行い、量産化に向けて仕様*1を決定する仕事をしています。

新商品を設計する

■新商品の構想を練り 部品を設計する

弘中さんが所属する蓄熱商品開発部では、給湯機器や温水暖房機器、太陽熱温水器など、水をあたためたり、それをためたりして利用する商品を開発しています。弘中さんのグループはそのなかで、「ハイブリッド給湯・暖房システム」（→26ページ）の開発を担当しています。

　新商品の開発では、まず企画室から、いつまでにこのような「ハイブリッド給湯・暖房システム」を、この予算でつくってほしいという企画書がわたされます。新商品の開発にあたっては、すでにある

3Dモデルを見ながら、グループで意見を出しあいます。▶

商品よりも性能がよく、省エネルギー化を進めることがもとめられます。

　まず、グループ内で企画の内容や方向性を確認し、企画の要求を実現するために、検討します。設計の担当者が作成した既存の商品の3Dモデ

ル*2を見ながら、どこにどのような部品を配置し、どのように機器を動かしたら要求が実現できるのか、話しあいを重ねます。

　新商品の構想がまとまったら、設計の担当者が部品の設計を行います。

*1　商品の形や構造、性能などをまとめたものです。
*2　パソコンでつくられた、立体のデータのことです。

■パソコン上で動作を シミュレーションする

　設計を進めるのと同時に、この段階で調べられることを確認します。たとえば、お湯をためておく貯湯タンクをささえる脚部の強度に問題がありそうであれば、専用の解析ソフトを使って強度の解析を行います。とくに耐震性能は重要なので、満水にしたタンクをさまざまな強さでゆらし、タンクの動きかたや脚部の変形がないかなどを、パソコン上でシミュレーションして確認します。

▲
解析ソフトで、タンクのゆれかたを見ます（ゆれが大きいと赤色になります）。データを解析して、ゆれにくくするためにどうするかを考えます。

　また、部品の位置や部品どうしが接触することはないかなども、パソコン上で確認しておきます。問題があれば、そのつど設計の担当者に伝えて修正してもらいます。

　設計段階での確認作業が終わったら、部品の設計図面を試作メーカーにわたし、部品の製作を依頼します。

部品を組みたて確認する

■部品の数や形状を 確認する

　試作メーカーからとどいた部品は、別の部署で、設計図面どおりの形にできているか、寸法は正しいかなどをチェックし、蓄熱商品開発部にとどけられます。

　弘中さんたちも、部品の数や形状などをもういちど確認します。

■組みたてやすさなどを 確認する

　部品がきちんとそろっていたら、メンバーで手わけして組みたてていきます。

　組みたてやすさはもちろん、組みたてる手順に問題がないかのチェックも大事です。1つずつ順番を確認しながら組みたてます。

　組みたてるなかで、うまく組みたてられない、手順どお

組みたて作業の前に、とどいた部品が注文どおりにできあがってきているかを、袋から取りだしながら確認します。

組みたてやすさや手順をメンバーとひとつひとつ確認しながら、問題点があれば挙げていきます。

内部に問題がないか、メンバーと確認しあいます。問題点が見つかったら、後ろのホワイトボードに書きとめます。

りにすると組みたてにくい、部品のとりつけかたをまちがえやすいなどの設計上の問題点が出たら、ホワイトボードに書きとめていきます。

すべて組みたておわったら、とりつけたカバーを外して、内部が設計図面どおりになっているかチェックを行います。また、販売後に修理が必要になったとき、部品が交換しやすい位置にあるかどうかの確認もします。部品の交換は、修理の依頼を受けた別の業者

が行うので、交換する部品がきちんと見えていることも大事です。

最後に、ホワイトボードに書きだされた問題点を整理してまとめます。それを設計担当者に伝えて、部品の形状や組みたての順番を変えるなど、設計の変更を依頼します。

■生産ラインの担当者に意見を聞く

修正された試作品ができたら、工場の生産ラインでじっさいに商品の組みたて作業を

行う担当者にも組みたててもらい、意見をもらいます。作業担当者から、「この部品はとりつけにくい」などの意見が出たら確認をして、再度設計担当者に部品や手順の改良を依頼します。

試験を行い商品化する

■さまざまな気象条件のもとで試験を行う

改良した試作品で、試験を行います。「ハイブリッド給湯・暖房システム」の機器は、室外に設置されるので、どんな気象条件であっても、性能や

品質が変わらないものでないと商品として販売できません。そこで、さまざまな気象条件を人工的につくりだすことができる「環境試験室」に試作品を運びいれ、性能や品質、耐久性などの試験を行うのです。

室温を氷点下に設定したり、高湿度にしたりするなど、きびしい環境にして試作品を動かし、設定したお湯の温度がたもたれているか、部品に問題が出ないかなどを細かく確認します。

環境試験室で、じっさいに水やガスまわりの配管を行って試験の準備をします（写真左）。リモコンで給湯温度を設定し、試作品がきちんと作動しているかをチェックします（写真下）。
▼

▲
白いとびらの向こうにある環境試験室の温度を調節して、試作品の状態を確認します。

試験は何度もくりかえし、問題があればそのつど仕様を調整します。

■大量生産できるか
確認する

問題が解決したら、最後に、生産部門や品質管理部門の人も立ちあい、大量生産が可能かどうかを確認します。

部品を手配して工場の生産ラインを一定時間動かし、部品が正しく組みたてられているか、一台一台チェックします。大量生産が問題なくできることが確認できれば仕様が決定し、ようやく商品化が決まります。

情報共有で作業を効率化する

■開発中に得た情報を
ウェブサイトで共有する

かつては、商品開発の知識や技能は、たずさわる人が個別にもっていることがほとんどでした。

ノーリツでは、それを資料として共有できるようにするとりくみを行っています。開発中に得た知識や技能を集めて資料としてまとめ、それをウェブサイトにのせることで、社員ならだれでも見られるようにしたのです。情報を共有することで、作業の効率が上がります。

開発する商品の部署ごとに、ウェブサイトの管理者がいて、弘中さんもその一人です。弘中さんは、グループのメンバーから、共有するべき情報を集め、自分が得た情報も合わせて、ウェブサイトに反映させます。

グループ内のメンバーそれぞれがもっている知識や技能をまとめて、ウェブサイトにのせます。

ノーリツの弘中睦己さんに聞きました

インタビュー

商品の設計から商品化まで
すべてをみる仕事にやりがいがある

1989年広島県生まれ。大学では工学部で、船の設計を勉強する人の教材となるソフトの開発を研究しました。大学院修士課程修了後、2013年にノーリツに入社。新エネルギー商品開発部（現・蓄熱商品開発部）に配属、太陽光パネルの開発をへて、2018年より「ハイブリッド給湯・暖房システム」の開発にたずさわっています。

子どものころから「ものづくり」の仕事がしたかった

Q どうしてこの会社に入ったのですか？

子どものころから「何かものをつくる」ということに興味がありました。そこで、大学は「ものづくり」が学べる工学部を選んだのですが、そこで勉強したのは船を設計するためのプログラミングで、「ものづくり」というより、システムの開発でした。

それで就職活動では、ものを開発できる会社を中心にさがしました。

ノーリツに決めたのは、面接のときに人事部の印象がとてもよかったからです。面接では、「こういう場合はどう思うか」など、ためされていると感じる質問が多いのですが、ノーリツの場合は、わたしの話を共感をもって聞いて

わたしの仕事道具 🔧

手帳

1か月のスケジュールを書きこめる見ひらきのカレンダーがついていて、自由に書けるスペースが多い手帳を、いつももちあるいています。会議や打ちあわせで気になったことを書きとめたり、それを図に表したりするほか、実験中にあとで確認しようと思ったことをメモしたりしています。

くれて、気づいたらとても会話がはずんでいました。面接前にお会いした先輩社員から「意見を主張しやすい職場環境」と聞いていましたが、ほんとうでした。

Q 仕事をはじめてたいへんだったことは?

入社後、太陽光パネルの開発を行う部署に配属されたのですが、その1年め、工場の生産ラインをとめてしまったことがありました。

上司から、必要な認証をとるために外部の検証機関に提出するパネルを、工場の生産ラインに流れているもののなかから1枚選ぶようにいわれました。事前によく調べずにのぞんだので、どのパネルなら認証をもらえるか、判断基準もあいまいなまま、選ぼうとしたのです。「これはここがだめ」「次のはここがだめ」と見おくっているうちに、パネルは全部流れてしまいました。けっきょく、「3つ前のパネルがよかった」と思ったときには、そのパネルはすでに次の工程に進んでいたため、ラインをとめなければなりませんでした。

生産ラインをとめるという

のは、商品の製造がおくれてしまうということなので、会社に損害をあたえるたいへんな事態です。上司や生産ラインの人たちにとてもおこられました。ただ、この失敗はとてもよい経験になりました。あとで、ふつうは新人にこうした仕事をあまりまかせないと聞きました。これ以外にも、さまざまな貴重な経験をさせてもらい、教育係や上司にとてもめぐまれていると感じています。

Q この仕事のやりがいはなんですか?

毎日新しい発見があることです。それまで太陽光パネルの開発をしていましたが、何もわからないまま「ハイブリッド給湯・暖房システム」のグループに加わりました。まだ日が浅いのでやることす

べてが新鮮です。開発の仕事では、たとえば1つの部品の研究だけをずっとつづけていて、その部品がじっさいの商品にどのように使われたのかは知らない、という人も多いと思います。

しかしここでは、商品の企画段階からかかわり、設計をしてから試作品をつくり、実験も行います。また、いろいろな部署や関連会社の人とコミュニケーションをとる必要もあります。商品として世に出るまでの全体の流れがわかるので、とてもやりがいがありますし、楽しいと思います。

また、品質を追求しながら、どれだけコストをおさえるかを考えることもやりがいの一つです。

部品の形状やシステムの制御方法などをさまざまにくふ

うして、目標の値段、性能の商品を、発売日に間にあうように開発していきます。気づくと、通勤の時間も仕事の進行を考えていたりしますが、毎日が充実しています。

先輩には見ならうことがたくさんあります。わたしが会議の準備をしていると「この資料も必要だね」とサポートしてくれるなど、気さくでなんでも相談できる人です。

すべてを「自分のこと」としてとらえる

Q 仕事をするうえで心がけていることは?

失敗から学んだことでもありますが、すべて「自分のこと」としてとらえるようにしています。

たとえば、別のグループの会議に出席をする場合でも、ただ参加するのではなく、しっかり準備をしてのぞむようにしています。会議の出席者に聞きとりをしたり、事前に資料をもらったり、自分に足りない知識があればおぎなっておきます。会議中は、自分だったらこの場合にはどのようにするのかを考えます。

これは上司や先輩が行っていることです。近くによいお手本がいて、ほんとうに人や環境にめぐまれていると思います。

Q これからの目標はなんですか?

多くの分野において、なくてはならない人材になることです。たとえば、耐震設計に解析ソフトを導入し、それまで苦労して行っていた耐震試験をかんたんにできるようにしたのですが、そのために勉強をして、解析の資格もとりました。解析で得た知識はウェブサイトで公開し、共有できるようにしています。このように、くわしい分野をどんどんふやして、いろいろなことをまかせてもらえる人になりたいと思います。

一問一答 Q&A

Q 小さいころになりたかった職業は?
建築士

Q 小・中学生のころ得意だった科目は?
算数（数学）

Q 小・中学生のころ苦手だった科目は?
国語

Q 会ってみたい人は?
黒田博樹（元広島カープの野球選手）

Q 好きな食べものは?
ハンバーグ

Q 仕事の気分転換にしていることは?
バスケットボール

Q 1か月休みがあったら何をしたいですか?
海外旅行

Q 会社でいちばん自慢できることは?
上司、部下のへだたりがなく、意見がいいやすい

ノーリツの
弘中睦己さんの
一日

組みたてやすさなどを確認しながら、メンバーで手わけして試作品の組みたてを行います。

スタート！

自宅からは車で1時間ほどかけて通勤しています。

自分と後輩の一日の仕事のスケジュールを確認します。

起床・朝食	出社	スケジュール確認	部品の組みたて
6:00	8:30	8:40	9:00

就寝	帰宅・夕食	退社	一日のふりかえり	試作品の試験	昼礼	昼食
23:00	19:30	18:30	18:00	13:30	13:15	12:15

試作品を試験するため、環境試験室に運びます。

試験室内の室温を低温に設定して、そのなかで試作品の給湯システムが正常に作動するかチェックしています。

午後の業務前に、部署内で業務の進行状況を確認します。チームで行う作業が多いので報告を徹底します。

ノーリツ人事部人事企画の
的場義朋さんに聞きました

こんな人と
はたらきたい！

☑ 人との「つながりを大切」にする人

☑ 未知なることを楽しめる人

☑ 「プラス受信」のできる人

人と地球を笑顔にする
商品の提供を目標に

　ノーリツの原点は、「お風呂は人を幸せにする」という創業者の思いです。その思いを大切に、お風呂だけにとどまらず、人びとのくらしをささえるはば広い商品を提供してきました。

　創業から半世紀をこえ、大きな時代の転換期を見すえて、現在では「新しい幸せを、わかすこと。」を使命としてかかげ、人と地球の笑顔に向けて、環境性能が高く、安全・安心な商品をとどけることをめざしています。

自立性と相互支援の
両方をそなえること

　使命の実現のためには、社員ひとりひとりがみずから考え、構想し、判断して前へ進む力をそなえていることがのぞまれます。

　しかし、個人の力にはかぎりがあります。そのため、人とのつながりや信頼関係を大切にして、チームの仲間や取引先の人たちと刺激しあい、高めあって会社を発展させていってほしいと思います。

未知なるものへ
前向きにチャレンジ

　メーカーは、つねに新しい商品やサービスを提供し、海外にも市場をきりひらいていくことがもとめられています。

　みなさんには、未知なることを楽しめる冒険心をもってもらいたいです。そして、どんな環境にあったとしても前向きにとらえ（プラス受信）、チャレンジしてきりひらいていく力をはぐくんでほしいと思います。

1995年、ノーリツの本社社屋も阪神・淡路大震災の被害を受けました。その年に、震災の鎮魂と街の復興を願ってはじまった神戸ルミナリエに、社員がボランティアとして参加。それ以来毎年、道案内、ごみ収集などのボランティア活動を行っています。

ENEOS
エ ネ オ ス

<ruby>原<rt>げん</rt>油<rt>ゆ</rt>外<rt>がい</rt>航<rt>こう</rt>部<rt>ぶ</rt></ruby> 原油グループ
<ruby>伊<rt>い</rt>藤<rt>とう</rt>匠<rt>たくみ</rt></ruby>さんの仕事

ENEOS は東京都に本社があり、全国にガソリンスタンドを展開するエネルギー業界の会社です。石油を中心にガス、電気などのエネルギー事業を行っています。石油製品を精製・販売するために原油を仕入れている、伊藤匠さんの仕事をみていきましょう。

ENEOS
（エネオス）

ENEOSは、国内の石油業界トップの会社で、アジアをはじめとする世界じゅうの国ぐにで事業を展開しています。また、仕いれた原油から、ガソリンやLPガスなどの石油製品をつくり、さまざまな企業や個人に販売して、社会や人びとのくらしをささえています。

JXTGエネルギー株式会社（ENEOS株式会社）*¹
本社所在地 東京都千代田区　**創業** 1888年　**従業員数** 9,030名（2019年4月1日現在）

▲ENEOSの製油所に向かう石油タンカー。1隻の石油タンカーで、日本で使用される原油量の半日分が運ばれています。

世界じゅうから原油を仕いれ
さまざまな石油・石油化学製品に加工

　石油は、ガソリンや灯油などの燃料だけではなく、ペットボトルや洗剤の原料など、くらしのさまざまな場面で使われています。日本は、石油製品の原料となる原油のほとんどを輸入にたよっています。安定した原油調達を確保するために、ENEOSは、原油を世界じゅうから仕いれています。タンカーで日本に運ばれた原油は、国内に11か所あるENEOSの製油所で、さまざまな石油・石油化学製品に加工されます。ポリエステルの原料となる石油製品のパラキシレンの供給能力はアジアでもっとも多く、年間362万トンにもなります。

企業や家庭に向けて電気やガスを
販売する「エネルギーのプロ」

　ENEOSは、全国に30か所以上の発電施設をもっています。各施設でつくられた電気は、東北から関西にかけての地域で、企業や家庭に向けて販売されています。2019年からは都市ガス*²の販売もはじめました。ENEOSは、原油や天然ガス、石炭、太陽光など、さまざまなエネルギーをあつかう「エネルギーのプロ」として、電気やガスを、より便利に安心して使ってもらえるようにとりくんでいます。

▼2019年から販売が開始された「ENEOS都市ガス」では、一般の家庭に安心でお得な都市ガスを提供しています。

◀ENEOSのイメージキャラクター、「エネゴリくん」。企業の顔としてCMにも登場し、ENEOSのとりくみを宣伝しています。

*1　2020年6月、「JXTGエネルギー株式会社」から「ENEOS株式会社」に社名を変更する予定です。
*2　製造工場でつくられたガスを、ガス管を通して直接家庭へと運ぶシステムのことです。

店舗数が日本でいちばん多い
ENEOSのサービスステーション

ENEOSでは、ガソリンの給油を行うサービスステーションを運営しています。ENEOSのサービスステーションは、北海道から沖縄県まで全国に約1万3,000か所あり、国内のサービスステーションのなかで、もっとも多い店舗数をほこっています。また、燃料電池自動車の動力源となる水素を提供する、「水素ステーション」の運営もしています。

▼ENEOSのサービスステーションには、洗車や車検（車の点検）を行うことができる店舗もあります。

ENEOSの SDGsトピックス》
7 エネルギーをみんなにそしてクリーンに
12 つくる責任つかう責任
13 気候変動に具体的な対策を

二酸化炭素を出さない
再生可能エネルギーの普及に力を入れる

日本の電気の多くは、石油や石炭などを燃料とする火力発電でつくられています。しかし、火力発電は、地球温暖化の原因といわれる二酸化炭素（CO_2）を大量に出します。ENEOSでは、二酸化炭素の排出をへらした「低炭素社会」の実現のために、太陽光発電や風力発電など、自然の力を利用した「再生可能エネルギー」の普及に力を入れています。

また、燃焼するときに二酸化炭素を出さない水素燃料を提供するなど、新しいエネルギーが、わたしたちの生活に根づくためのしくみづくりに積極的にとりくんでいます。

2015年に送電を開始した沖縄県にある、うるまメガソーラー発電所は12メガワットの発電ができます。1メガワットで、300世帯以上の一般家庭の消費電力をまかなうことができます。

ENEOS
原油外航部 原油グループ
伊藤匠（いとうたくみ）さんの仕事

ENEOSでは、石油製品を精製（せいひん）・販売（はんばい）するための原油を世界じゅうから買いつけ、タンカーを使って日本へ運んでいます。伊藤さんは、原油グループという部署（ぶしょ）で、買いつけた原油をスケジュールどおりに日本にとどけるために、海外の企業（きぎょう）や国と交渉（こうしょう）して予定を調整する仕事をしています。

原油を日本へ調達する

■海外で原油を買いつけ日本に運ぶ

ENEOSでは、海外で採掘（さいくつ）された原油を調達する仕事に、多くの人びとがかかわっています。

伊藤（いとう）さんが所属（しょぞく）しているのは、原油を調達する原油グループです。原油グループは、大きく分けて2つの仕事を担当（たんとう）しています。1つは原油を買いつける仕事で、もう1つは買いつけた原油を日本に運ぶ予定を調整する、原油オペレーション業務（ぎょうむ）とよばれる仕事です。伊藤さんはこの原油オペレーション業務を行っています。

■原油を日本に運ぶ日程（にってい）を調整する

伊藤さんは、おもにサウジアラビアやアラブ首長国連邦（れんぽう）（UAE）、カタールなど、中東の国ぐにから日本へ原油を

採掘（さいくつ）された原油が、石油製品（せいひん）として販売（はんばい）されるまで

海外で採掘された原油が日本に運ばれ、石油製品に加工されて販売されるまでの流れを見てみましょう。

調達	運輸（うんゆ）	精製（せいせい）・加工	運送	販売

原油を購入（こうにゅう）し、日本に運ぶための調整をします。伊藤さんはこの仕事の担当（たんとう）です。	購入した原油をタンカーにのせて、日本まで運びます。	国内の製油所で、原油を加熱し、ガス分、ガソリン分、灯油分、軽油分、重油分に分けてとりだし、加工します。	加工した石油製品を、日本各地に運びます。	直接企業（ちょくせつきぎょう）などに販売したり、サービスステーションで販売したりします。

運ぶためのタンカーの運航管理を担当しています。

毎月、中東から日本へと向かうENEOSのタンカーは20隻ほどあります。1隻のタンカーは、1回の航海で2〜3か所の港に入港して原油を積み、日本へ向かいます。

外航グループという部署がそれぞれの船ごとに、日本に到着するまでのスケジュールを組みます。伊藤さんは、船がそれぞれの港に入港する日程や、積む原油の量を、原油

> 月に3〜4回、グループでのミーティングを行い、スケジュールを共有して、状況を報告します。

を買いつけた相手の国や企業に伝えます。そして、予定どおりの日程で、希望の量の原油を日本まで運ぶことができるように調整します。

■仕いれ先の国や企業と交渉を行う

中東には、世界じゅうの国ぐにの船が原油をもとめて集まります。船が集中すると、予定どおりに原油が積めないこともあります。しかし、1

> 世界じゅうのタンカーの現在地が表示された画面を見て、担当するタンカーが予定どおり運航しているかを確認します。

隻のタンカーが運ぶ原油の量は、日本の半日分の石油の使用量と同じです。予定どおりに日本に原油がとどかないと、国内の石油が不足するなど、影響が出る可能性があります。

伊藤さんは、国内の石油不足をふせぐために、相手の国の担当者と交渉をします。こちらの希望を伝え、むずかしい場合は、予定の港でのせる原油の量をへらす代わりに、別の港でその分を補充するなど、予定どおりの日程で予定した量の原油をとどける方法をさぐり、交渉します。

こうした交渉は、すべて英語で行われます。日本とはことなる文化をもった相手と、母国語でないことばで話しあ

> 国内の港へのタンカーの入港予定が書かれたホワイトボードを見ながら、外航グループの担当者と、運航状況を確認しあいます。

うのはたいへんですが、確実に希望が伝わるようにねばりづよく交渉します。

■チーム全体で協力し問題に対応する

交渉のなかで、問題が起

> 問題が起こったときには、すぐに関係するメンバーを集めて相談をします。

こったり予定に変更があった場合は、すぐに同じ部署のメンバーや、船の管理、製油所の担当者などに集まってもらい報告と相談をします。チームの協力により、問題が起こっても、すぐに対応策を考えることができます。

原油価格や国際情勢を共有する

■原油や世界情勢のニュースを調べておく

原油の価格は世界の情勢の変化によって、すぐに変動します。また戦争や紛争、世界的に大きな事件などが起こると、関係する地域から原油を調達することがむずかしくなってしまいます。

原油を予定どおりに安全に日本へ運ぶためには、日ごろ

から原油に関するニュースや国際情勢について確認し、頭に入れておく必要があります。

伊藤さんは、新聞や雑誌、インターネットを見たり、産油国に駐在しているスタッフに聞いたりして、つねに最新の情報を集めています。情報はチームのメンバーとも共有します。

■石油製品の購入者に向けて説明する

外部に情報を発信すること

> 毎日、インターネットを使って、原油に関するニュースを確認します。

も、伊藤さんの大切な仕事の一つです。

ENEOSでは、さまざまな企業に向けて、原油を加工した石油製品を販売しています。そうした企業に対して、定期的に原油輸入に関連した国際情勢や原油の価格の動きなどについて説明をする機会をつくっています。

説明は、原油グループのメンバーが分担して行います。日ごろの業務で得た知識や、収集した情報をいかして、資料をまとめて説明します。

> 図表などを使って、わかりやすくいまの原油価格や輸入状況について説明します。

ENEOS の伊藤匠さんに聞きました

インタビュー

石油をとどけることで
人びとのくらしをささえたい

福島県出身。大学時代は社会学部に所属しスポーツ社会学を専攻していました。大学在学中の2010年にアメリカ留学を経験。2013年に、いまの会社の前身である旧JX日鉱日石エネルギーに入社しました。入社後、北海道支店にてENEOS製品の販売管理をつとめ、2016年より現在の原油グループに配属となりました。

就職活動中に
気がついた
石油の重要性

Q この会社を選んだ
理由はなんですか？

　就職活動中に、毎日の生活がどのように成りたっているのか、疑問に思ったことがありました。わたしたちは、寒い日はあたたかい服を着て、あたたかい部屋でごはんを食べることができます。では、その服は何からできているのか、エアコンの電気はどこからくるのか、コンビニエンスストアのおにぎりをつつむフィルムは何からできているのか。そうした疑問をたどっていったら、どれも石油にかかわりがあると気づきました。

　そして、石油を日本にとどけるという仕事は、たくさんの人をささえることにつながるのではないかと考え、いまの会社に入社しました。

Q 仕事をしていてたいへんだったことは？

わたしが原油の調達を担当している中東地域で、カタールが、サウジアラビアとアラブ首長国連邦（UAE）の2つの国と、国どうしの交流をやめるという事件が2017年にありました。わたしが担当している船は、この3か国をめぐって石油を調達することが多かったのですが、カタールを経由した船が国交断絶した2つの国に入れないという情報が入ったのです。

それからしばらくの間、その3つの国に向かうそれぞれの船の経由地を変更、調整して、予定どおり原油を積んで日本に帰国できるように手配しなおしました。苦労しましたが、勉強にもなりました。

Q 今後の目標を教えてください

いまの部署に異動したときに、先輩から「この仕事は水源を管理するような仕事だよ」と言われました。わたしたちは、石油製品によって便利なくらしができています。水と同じように、原油の供給がとまってしまうと、人びとの生活に支障が出ます。原油調達の仕事には、人びとのくらしをささえる責任があるということを、これからも心にきざんでいきたいです。

今後は、さらに原油や船などの専門知識を身につけ、コミュニケーションの基礎となる語学力を高め、仕事にいかしていきたいと思っています。

わたしの仕事道具 🔧

スマートフォンの世界時計

伊藤さんが担当している中東の国ぐには、日本と5〜6時間の時差があります。また、中東だけでなく世界じゅうの関係者とも連絡をとりあうため、すばやく相手の国が何時なのかを調べられる、スマートフォンの世界時計をよく使っています。

一問一答 Q&A

Q 小さいころになりたかった職業は？
プロ野球選手

Q 小・中学生のころ得意だった科目は？
体育

Q 小・中学生のころ苦手だった科目は？
算数（数学）

Q 会ってみたい人は？
中田英寿（元プロサッカー選手）

Q 好きな食べものは？
ラーメン

Q 仕事の気分転換にしていることは？
スーパー銭湯でリラックスすること

Q 1か月休みがあったら何をしたいですか？
子どもと遊ぶ

Q 会社でいちばん自慢できることは？
社員どうしの距離が近いところ

ENEOS の 伊藤匠さんの 一日

原油市場の情報を調べ、チームで共有するべきことがないか確認します。

オフィスの入り口に社員証をかざすと、出勤時刻が記録されます。

スケジュール表を見ながら、予定どおりタンカーが日本に到着できるかを確認し、取引先にメールで連絡します。

スタート！

起床・朝食	出社	原油市場の動きをチェック	社内へ情報発信	昼食	タンカーの運航スケジュールを確認
6:30	9:00	9:10	10:00	12:00	13:00

就寝	英語の勉強	帰宅・夕食	退社	海外のスタッフと情報交換	ミーティング	休けい
23:00	20:30	19:30	18:00	17:00	16:00	15:00

問題や課題を、チームのメンバーと話しあい、情報を共有します。

産油国などに駐在しているスタッフと、電話で話しあい、現地の状況などの情報を聞きます。

社内のカフェで、仕事のあいまに休けいをとっています。カフェはかんたんなミーティングの場としても利用されています。

ENEOS（エネオス）人事部人事グループの
髙橋侑子（たかはしゆうこ）さんに聞きました

**こんな人と
はたらきたい！**

- ☑ 環境（かんきょう）や人に配慮（はいりょ）できる人
- ☑ 広い視野（しや）をもっている人
- ☑ 新しいことに挑戦（ちょうせん）できる人

日本をささえている
という使命感がある

ENEOSには、原油の輸入（ゆにゅう）業務（ぎょうむ）にたずさわる人だけでなく、石油製品（せいひん）をつくる人、それを消費者に販売（はんばい）する人、石油や太陽光、水素（すいそ）などのエネルギーについて研究をしている人など、たくさんの人がはたらいています。

どの社員も、自分たちが日本をささえているという使命感をもって、よりよい未来の実現（じつげん）をめざして業務にあたっています。

社員がはたらきやすい
会社の制度（せいど）を整えている

社員がはたらきやすいように、上司や部下といった立場に関係なく、風通しのよい職場（しょくば）づくりに力を入れています。子育て世帯のためには、産休や育休がとりやすく、職場復（ふっ）帰（き）もしやすいように、会社の制度を整えたり、社員の理解（りかい）を進めるためのセミナーを行ったりしています。

環境や人にやさしい
エネルギーの普及（ふきゅう）

石油エネルギーは、社会になくてはならないものです。いっぽうで、二酸化炭素（にさんかたんそ）の排出（はいしゅつ）の少ない、低炭素社会をめざす動きも強まっています。わたしたちも環境に配慮し、太陽光や水素など、自然にも人にもやさしい「再生可能（さいせいかのう）エネルギー」の利用を積極的に進めています。

つねに変化する社会の状況（じょうきょう）や環境の変化に対応（たいおう）できる広い視野をもち、新しい事業に積極的に挑戦していける人といっしょに仕事をしていきたいと思っています。

上司と部下がいっしょに昼食をとる、「ランチ会」がさまざまな部署（ぶしょ）で行われています。食事をしながらコミュニケーションを深め、気軽に仕事に対する意見を交わしています。

仕事の種類別さくいん

会社ではたらく人のおもな仕事を、大きく10種類に分けてとりあげています。
このさくいんでは『職場体験完全ガイド』の61〜70巻［会社員編］で紹介した、すべての会社の巻数と掲載ページを調べることができます。

1 営業系の仕事
会社の商品やサービスを売る

この会社を見てみよう！
- ◆NTTデータ ➡ 62巻15ページ
- ◆日本出版販売 ➡ 65巻37ページ
- ◆雪印メグミルク ➡ 66巻37ページ
- ◆エフエム徳島 ➡ 69巻37ページ

2 生産・製造・品質管理系の仕事
品質のよい製品を円滑に生産する

この会社を見てみよう！
- ◆コロナ ➡ 61巻25ページ
- ◆JR九州 ➡ 65巻15ページ
- ◆カルビー ➡ 66巻5ページ
- ◆ニトリホールディングス ➡ 68巻15ページ

3 クリエイティブ系の仕事
アイデアを製品や広告などの形にする

この会社を見てみよう！
- ◆ヤフー ➡ 62巻25ページ
- ◆キングレコード ➡ 63巻17ページ
- ◆資生堂 ➡ 67巻35ページ
- ◆講談社 ➡ 69巻17ページ

4 情報技術（IT）系の仕事
コンピューターにかかわる仕事をになう

この会社を見てみよう！
- ◆NDソフトウェア ➡ 62巻37ページ
- ◆アマゾン ➡ 64巻37ページ
- ◆カシオ ➡ 67巻25ページ
- ◆楽天Edy ➡ 70巻15ページ

5 経営者・管理職系の仕事
会社を経営し、組織をまとめる

この会社を見てみよう！
- ◆富士通 ➡ 62巻5ページ
- ◆タカラトミー ➡ 63巻5ページ
- ◆中日新聞社 ➡ 69巻27ページ
- ◆七十七銀行 ➡ 70巻5ページ

6 研究・開発・設計系の仕事
新製品をつくるための研究・開発をする

この会社を見てみよう！
- ◆コクヨ ➡ 61巻5ページ
- ◆セイコーマート ➡ 64巻5ページ
- ◆サントリー ➡ 66巻25ページ
- ◆ノーリツ ➡ 68巻25ページ

7 企画・マーケティング系の仕事
市場を分析して、製品を企画する

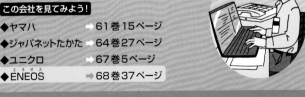

この会社を見てみよう！
- ◆京セラ ➡ 61巻37ページ
- ◆スパリゾートハワイアンズ ➡ 63巻27ページ
- ◆ハウス食品 ➡ 66巻15ページ
- ◆日本生命 ➡ 70巻27ページ

8 事務系の仕事
会社に必要な、事務作業を行う

この会社を見てみよう！
- ◆ヤマハ ➡ 61巻15ページ
- ◆ジャパネットたかた ➡ 64巻27ページ
- ◆ユニクロ ➡ 67巻5ページ
- ◆ENEOS ➡ 68巻37ページ

9 流通・サービス・販売系の仕事
お客さまに商品やサービスをとどける

この会社を見てみよう！
- ◆イオン ➡ 64巻15ページ
- ◆H.I.S. ➡ 65巻5ページ
- ◆GAP ➡ 67巻15ページ
- ◆TOTO ➡ 68巻5ページ

10 専門職系の仕事
技能や知識を生かした仕事をする

この会社を見てみよう！
- ◆ナゴヤドーム ➡ 63巻37ページ
- ◆伊予鉄道 ➡ 65巻27ページ
- ◆TBSテレビ ➡ 69巻5ページ
- ◆野村ホールディングス ➡ 70巻37ページ

■取材協力

株式会社 ニトリホールディングス
株式会社 ノーリツ
JXTG 株式会社
TOTO 株式会社

■スタッフ

編集・執筆	青木一恵
	桑原順子
	田口純子
撮影	糸井康友
	石見祐子
	大森裕之
	橋詰芳房
イラスト	宮下やすこ
校正	菅村薫
	渡辺三千代
デザイン	sheets-design
編集・制作	株式会社 桂樹社グループ

 職場体験 完全ガイド 会社員編　　　　　住まいをささえる会社 **68**

TOTO・ニトリホールディングス・ノーリツ・ENEOS

発行　2020年4月　第1刷

発行者　千葉 均
編集　　柾屋 洋子
発行所　株式会社 ポプラ社
　　　　〒102-8519
　　　　東京都千代田区麹町4-2-6
　　　　電話　03-5877-8109（営業）
　　　　　　　03-5877-8113（編集）
　　　　ホームページ　www.poplar.co.jp
印刷・製本　大日本印刷株式会社

ISBN978-4-591-16544-7
N.D.C.366　47p　27cm
Printed in Japan

P7073068

ポプラ社はチャイルドラインを応援しています

18さいまでの子どもがかけるでんわ
チャイルドライン®
0120-99-7777
毎日午後**4**時〜午後**9**時　※12/29〜1/3はお休み
電話代はかかりません　携帯（スマホ）OK

18さいまでの子どもがかける子ども専用電話です。
困っているとき、悩んでいるとき、うれしいとき、
なんとなく誰かと話したいとき、かけてみてください。
お説教はしません。ちょっと言いにくいことでも
名前は言わなくてもいいので、安心して話してください。
あなたの気持ちを大切に、どんなことでもいっしょに考えます。

チャット相談は
こちらから

仕事の現場に完全密着！ 取材にもとづいた臨場感と説得力!!

職場体験完全ガイド

全70巻

N.D.C.366（職業）

第1期

1 医師・看護師・救急救命士
人の命をすくう仕事

2 警察官・消防官・弁護士
くらしをまもる仕事

3 大学教授・小学校の先生・幼稚園の先生
学問や教育にかかわる仕事

4 獣医師・動物園の飼育係・花屋さん
動物や植物をあつかう仕事

5 パン屋さん・パティシエ・レストランのシェフ
食べものをつくる仕事

6 野球選手・サッカー選手・プロフィギュアスケーター
スポーツの仕事

7 電車の運転士・パイロット・宇宙飛行士
乗りものの仕事

8 大工・人形職人・カーデザイナー
ものをつくる仕事

9 小説家・漫画家・ピアニスト
芸術にかかわる仕事

10 美容師・モデル・ファッションデザイナー
おしゃれにかかわる仕事

第2期

11 国会議員・裁判官・外交官・海上保安官
国をささえる仕事

12 陶芸家・染めもの職人・切子職人
伝統産業の仕事

13 携帯電話企画者・ゲームクリエイター・ウェブプランナー・SE
IT産業の仕事

14 保育士・介護福祉士・理学療法士・社会福祉士
福祉の仕事

15 樹木医・自然保護官・風力発電エンジニア
環境をまもる仕事

16 花卉農家・漁師・牧場作業員・八百屋さん
農水産物をあつかう仕事

17 新聞記者・テレビディレクター・CMプランナー
マスメディアの仕事

18 銀行員・証券会社社員・保険会社社員
お金をあつかう仕事

19 キャビンアテンダント・ホテルスタッフ・デパート販売員
人をもてなす仕事

20 お笑い芸人・俳優・歌手
エンターテインメントの仕事

第3期

21 和紙職人・織物職人・蒔絵職人・宮大工
伝統産業の仕事2

22 訪問介護員・言語聴覚士・作業療法士・助産師
福祉の仕事2

23 和菓子職人・すし職人・豆腐職人・杜氏
食べものをつくる仕事2

24 ゴルファー・バレーボール選手・テニス選手・卓球選手
スポーツの仕事2

25 テレビアナウンサー・脚本家・報道カメラマン・雑誌編集者
マスメディアの仕事2

第4期

26 歯科医師・薬剤師・鍼灸師・臨床検査技師
健康をまもる仕事

27 柔道家・マラソン選手・水泳選手・バスケットボール選手
スポーツの仕事3

28 水族館の飼育員・盲導犬訓練士・トリマー・庭師
動物や植物をあつかう仕事2

29 レーシングドライバー・路線バスの運転士・バスガイド・航海士
乗りものの仕事2

30 スタイリスト・ヘアメイクアップアーチスト・ネイリスト・エステティシャン
おしゃれにかかわる仕事2

第5期

31 ラーメン屋さん・給食調理員・日本料理人・食品開発者
食べものをつくる仕事3

32 検察官・レスキュー隊員・水道局職員・警備員
くらしをまもる仕事2

33 稲作農家・農業技術者・魚屋さん・たまご農家
農水産物をあつかう仕事2

34 力士・バドミントン選手・ラグビー選手・プロボクサー
スポーツの仕事4

35 アニメ監督・アニメーター・美術・声優
アニメーションにかかわる仕事

第6期

36 花火職人・筆職人・鋳物職人・桐たんす職人
伝統産業の仕事3

37 書店員・図書館司書・翻訳家・装丁家
本にかかわる仕事

38 ツアーコンダクター・鉄道客室乗務員・グランドスタッフ・外国政府観光局職員
旅行にかかわる仕事

39 バイクレーサー・重機オペレーター・タクシードライバー・航空管制官
乗りものの仕事3

40 画家・映画監督・歌舞伎俳優・バレエダンサー
芸術にかかわる仕事2

第7期

41 保健師・歯科衛生士・管理栄養士・医薬品開発者
健康をまもる仕事2

42 精神科医・心療内科医・精神保健福祉士・スクールカウンセラー
心にかかわる仕事

43 気象予報士・林業作業士・海洋生物学者・エコツアーガイド
自然にかかわる仕事

44 板金職人・旋盤職人・金型職人・研磨職人
町工場の仕事

45 能楽師・落語家・写真家・建築家
芸術にかかわる仕事3

第8期

46 ケアマネジャー・児童指導員・手話通訳士・義肢装具士
福祉の仕事3

47 舞台演出家・ラジオパーソナリティ・マジシャン・ダンサー
エンターテインメントの仕事2

48 書籍編集者・絵本作家・ライター・イラストレーター
本にかかわる仕事2

49 自動車開発エンジニア・自動車工場従業員・自動車整備士・自動車販売員
自動車をあつかう仕事

50 彫刻家・書道家・指揮者・オペラ歌手
芸術にかかわる仕事4

第9期

51 児童英語教師・通訳案内士・同時通訳者・映像翻訳家
外国語にかかわる仕事

52 郵便配達員・宅配便ドライバー・トラック運転手・港湾荷役スタッフ
ものを運ぶ仕事

53 スーパーマーケット店員・CDショップ店員・ネットショップ経営者・自転車屋さん
ものを販売する仕事

54 将棋棋士・総合格闘技選手・競馬騎手・競輪選手
勝負をきわめる仕事

55 プログラマー・セキュリティエンジニア・アプリ開発者・CGデザイナー
IT産業の仕事2

第10期

56 NASA研究者・海外企業日本人スタッフ・日本企業海外スタッフ・日本料理店シェフ
海外ではたらく仕事

57 中学校の先生・学習塾講師・ピアノの先生・料理教室講師
人に教える仕事

58 駅員・理容師・クリーニング屋さん・清掃作業スタッフ
くらしをささえる仕事

59 空手選手・スポーツクライミング選手・プロスケートボーダー・プロサーファー
スポーツの仕事5

60 古着屋さん・プロゲーマー・アクセサリー作家・大道芸人
趣味をいかす仕事

第11期

会社員編

61 コクヨ・ヤマハ・コロナ・京セラ
ものをつくる会社

62 富士通・NTTデータ・ヤフー・NDソフトウェア
情報技術（IT）の会社

63 タカラトミー・キングレコード・スパリゾートハワイアンズ・ナゴヤドーム
エンターテインメントの会社

64 セイコーマート・イオン・ジャパネットたかた・アマゾン
ものを販売する会社

65 H.I.S.・JR九州・伊予鉄道・日本出版販売
人やものを運ぶ会社

第12期

会社員編

66 カルビー・ハウス食品・サントリー・雪印メグミルク
食べものの会社

67 ユニクロ・GAP・カシオ・資生堂
ファッションの会社

68 TOTO・ニトリホールディングス・ノーリツ・ENEOS
住まいをささえる会社

69 TBSテレビ・講談社・中日新聞社・エフエム徳島
マスメディアの会社

70 七十七銀行・楽天Edy・日本生命・野村ホールディングス
お金にかかわる会社

図書館用特別堅牢製本図書